CATALOGUE

D'UNE

COLLECTION TRÈS IMPORTANTE

DE

PLANCHES GRAVÉES

EN TOUS GENRES,

Par les Maîtres et Artistes les plus célèbres,

du XVe au XIXe siècle,

Formant la 1re PARTIE du Fonds de Commerce d'Éditeur d'Estampes
de Mme veuve AUGUSTE JEAN,

DONT LA VENTE, PAR SUITE DE CESSATION DÉFINITIVE DE COMMERCE,
AURA LIEU AUX ENCHÈRES PUBLIQUES,

*Les lundi 2, mardi 3, mercredi 4, et jeudi 5 février 1846,
à 6 heures du soir,*

HOTEL DE VENTES MOBILIÈRES,

PLACE DE LA BOURSE, 2;

Salle n° 3, au 1er étage,

Par le ministère de Me MERLIN, Commissaire-Priseur, rue du
Battoir-Saint-André-des-Arts, n° 10,

Assisté de M. VALLÉE, Expert, rue de Chartres-Saint-Honoré, n° 8,

CHEZ LESQUELS SE DISTRIBUE LE PRÉSENT CATALOGUE,

RÉDIGÉ PAR M. VALLÉE.

EXPOSITION PUBLIQUE

Le dimanche 1er février 1846, de midi à 4 heures, et de chacune
des Vacations, de midi à 3 heures, chaque jour de vente.

PARIS.

IMPRIMERIE ET LITHOGRAPHIE DE MAULDE ET RENOU,
Rue Bailleul, 9 et 11, près du Louvre.

1846

1815

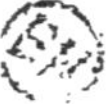

Condition de la Vente.

Les acquéreurs paieront 5 p. 100 imputables sur les frais de vente.

NOTA. — L'ordre des vacations se trouve placé à la fin du présent catalogue à la page 51.

AVERTISSEMENT.

Le fonds de commerce d'éditeur d'estampes de madame veuve Auguste JEAN, est un des plus anciens et peut-être le plus considérable de tous ceux qui existent.

Il se compose de plus de 30,000 planches gravées en tous genres, parmi lesquelles se trouvent quantité d'œuvres remarquables des plus célèbres peintres et graveurs de toutes les écoles qui ont illustré l'art de la gravure du XVe au XIX siècle, tels que : *Albert Durer, Berghem, Both, Karel Dujardin, Van Dyck, Ostade, Paul Potter, Rembrandt, Salvator Rosa, Vande Velde, Audran (les), Balechou, Beaudet, Bolowert (les), Sebastien Bourdon, Callot, Dorigny, Drevet, Duplessi-Bertaux, Edelinck (les), Hollard, Sebastien Leclerc, Claude Lorrain, Masson, Perelle, Picart, de Poilly, Porporati, Sadeler, Silvestre, Stella,* **J.-G.** *Will, Vosterman, Audouin, Beauvarlet,* **J.-J.** *de Boissieu, Massard (les),* **MM.** *Desnoyers, Forster,* et quantité d'autres artistes habiles. La plupart de ces planches originales provenant des anciens fonds d'éditeurs les plus en réputation, tels que ceux des *Basan, Drevet, de Poilly, Silvestre, Wille* et autres.

Indépendamment de cette partie si intéressante sous le

rapport des arts, ce fonds renferme encore une autre partie non moins importante ; qui est celle d'une réunion complète des meilleurs ouvrages classiques sur l'architecture et les arts industriels dépendant du dessin, par et d'après les plus célèbres maîtres, tels que *Palladio*, *Vignole*, *Michel-Ange*, *Scamozzi*, *Alberti*, *Serlio*, etc. , etc. , et quantité d'autres ouvrages modernes par d'habiles architectes de notre époque.

Il existe encore dans ce fonds déjà si riche par les ouvrages que nous venons de signaler, une troisième partie qui présente aussi beaucoup d'intérêts ; elle comprend, en première ligne, les *Atlas*, *Cartes géographiques* et *Plans* ; ensuite viennent les recueils de *Principes et études de dessin* en tous genres ; puis l'*Imagerie sainte et profane* ; et enfin les *Principes* et *Modèles d'écritures* par les plus célèbres calligraphes.

Madame veuve JEAN étant décidée à se retirer entièrement du commerce, il lui était bien difficile de trouver un acquéreur pour traiter de la totalité d'un fonds aussi considérable ; elle eût préféré sous tous les rapports en traiter à l'amiable ; après quelques tentatives infructueuses à ce sujet, elle a reconnu qu'il n'y avait qu'une vente publique aux enchères qui pourrait remplir son but ; elle s'y est donc déterminée, non sans regret, mais enfin cette détermination une fois prise est définitive, et nous sommes chargés de le faire connaitre de la manière la plus formelle.

Il eût été préférable, suivant nous, de faire un catalogue général de ce fonds si important, pour pour le faire connaître convenablement à MM. les Editeurs qui la plupart ne le connaissent que très imparfaitement ; le seul catalogue qui existe et qui date de 1817, étant très incomplet, et madame JEAN ayant acquis depuis la mort de son mari nombre d'ouvrages et de planches qui ne s'y trouvent pas compris ; mais il en a été décidé autrement ; comme aussi il a été décidé que la vente aurait lieu en deux ou trois parties qui se suivront de trois en trois mois, et pour chacune desquelles il sera fait un catalogue particulier.

La vente de la première partie, qui aura lieu le 2 février et jours suivants, quoique la moins importante devra néanmoins offrir beaucoup d'intérêt à MM. les Editeurs ; elle se compose des Planches : 1° de tous les *Principes et études de dessin* en tous genres ; 2° d'Etudes et d'ouvrages sur l'*Anatomie* à l'usage des artistes ; 3° de tous les ouvrages sur l'*Architecture* et les *Arts* industriels concernant la bâtisse ; 4° de plusieurs Recueils, Collections et œuvres de différents maîtres, parmi lesquels : les Sept œuvres de Miséricorde par Sebastien Bourdon (n° 77) ; les travaux d'Ulysse par le Primatice et gravés par Van Thulden (n° 78) etc., etc. ; 5° de quelques portraits, dont le comte d'Harcourt, dit Cadet à la Perle d'après N. Mignard, par Ant. Masson, chef-d'œuvre de ce maître (n° 87) ; Samuël Bernard, d'après Rigaud par Drevet (n° 88), etc., etc. ; 6° de quantité de suites de batailles et de scènes militaires ; 7° de plusieurs collections de sujets de sainteté et d'imagerie, et de sujets divers ; 9° de bonnes Estampes en tous genres, telles que : la tente de Darius, d'après P. Mignard par Gérard Edelinck et Pierre Drevet (n° 158) ; les batailles d'Alexandre et de Constantin, par B. et J. Audran (n° 157), etc., etc. ; 8° enfin d'un grand nombre de collections et suites de vues, paysages et marines dont quantité d'après Joseph *Vernet* et formant presque l'œuvre de ce célèbre peintre de marine.

Le peu de temps que nous avons eu pour rédiger le catalogue de cette première partie, et en reconnaître le matériel, nous a empêchés d'indiquer à chaque article la quantité d'épreuves et d'exemplaires qui existent d'imprimés pour chacune des planches ou chaque ouvrage; ce travail qui est encore assez long, sera terminé incessamment. Comme toutes les planches seront vendues avec *toutes les impressions, sans aucune réserve*, le nombre en sera exactement indiqué sur les chemises d'exposition, ou lors de la mise sur table de chacun des lots.

ABRÉVIATIONS.

Pl.	Planches.
Larg.	Largeur.
Haut.	Hauteur.
Cent.	Centimètres.

CATALOGUE

DE

PLANCHES GRAVÉES.

PRINCIPES DE DESSIN EN TOUS GENRES.

FIGURE. — PAYSAGE. — ANIMAUX. — FLEURS.

1 — L'art du dessin démontré d'une manière claire et précise, par Jean *Cousin*, peintre français; revu, corrigé et augmenté d'après les ouvrages de ce maître et les meilleures collections, par P. *Le Clerc*. Recueil in-folio contenant 25 planches gravées par Petit, y compris le frontispice et 10 pages de texte. — 25 cuivres.

2 — Ciprianis' rudiments of drawing, engraved by F. *Bartolozzi.*

    3 cahiers de principes élémentaires de dessin, publiés à Londres par Bartolozzi. — 28 cuivres.

3 — Suite de 31 feuilles de *principes* dessinés d'après nature, et réduits par *Leclerc* d'après ses différents ouvrages.

    Planches *en largeur* gravées à la manière du crayon, par Petit. — 31 cuivres.

4 — Principes élémentaires de dessin à l'usage de la jeunesse, dessinés par Le *Barbier* l'aîné, d'après les tableaux de Nicolas Poussin et autres grands maîtres, et gravés par *Ruotte* et *Cazenave*. 12 cahiers de 4 pl. — 49 cuivres y compris celui de la couverture.

5 — Fragments d'études de têtes, d'après le tableau des Sabines peint par David. 8 planches gravées par Badoureau, d'après les dessins de Parizeau. — 8 cuivres.

6 — Principes de dessin d'après les tableaux des Horaces et de Brutus, et peints par David, gravés par Perrot d'après les dessins de Parizeau. 6 cahiers de 4 pl. — 24 cuivres.

7 — Principes élémentaires de dessin, à l'usage des lycées, composés par Fleury, et gravés par Perrot. Collection de 6 cahiers de 4 pl. — 24 cuivres.

8 — Principes de dessin, par Joseph et Antoine *Sauvage* (dits Lemire), professeurs de dessin à l'Ecole Polytechnique, terminé par *Perrot*. Suite de 14 cahiers de 4 pl. — 56 cuivres.

9 — Suite de 3 cahiers de principes élémentaires de dessin, dessinés par Debret, élève de David, pour le cours de dessin de l'institution de Sainte-Barbe. Planches gravées à la manière du crayon, par L.-M. Petit. — 12 cuivres.

10 — Suite de 14 cahiers de principes élémentaires de dessin, dessinés d'après nature par Le *Barbier* l'aîné, et gravés à la manière du crayon, par Petit, Lucien et Carrée. — 56 cuivres.

11 — Suite de 6 cahiers de principes, dessinés d'après nature par *Le Poussin*, et gravés par *Lucien*. — 24 cuivres.

12 — Etudes et principes de paysages de divers genres, dessinés et gravés par Moreth et Commarieux. Suite de 5 cahiers de 4 pl. — 20 cuivres.

13 — Fragments dessinés par Leclerc, et gravés par Perrot. Suite de 13 cahiers de 4 pl. — — 52 cuivres.

14 — 8 planches de principes de dessin, d'après l'antique, gravées par Ruotte et autres. — 8 cuivres.

15 — Collection de 14 têtes d'études, calquées par *Dutertre*, d'après le *Tableau de la Cène* par *Léonard de Vinci*. Planches gravées à la manière du crayon, par *Parizeau*. — 14 cuivres. Haut. 65 cent., larg. 49 cent.

16 — 13 têtes d'études, d'après différents maîtres des écoles anciennes et modernes. Planches gravées à la manière du crayon, par Perrot, Ruotte, Massol, Carrée et Augustin Legrand. — 13 cuivres.

17 — 125 têtes d'études et de portraits gravés à la manière du crayon, d'après les grands maîtres des écoles anciennes et modernes, par Badoureau, Bertrand, Bourgeois, Cazenave, Demarteau, Girard, Lefebvre, Massol, Perrot, Ruotte, etc. 8 lots. — 125 cuivres.

18 — Suite de 4 feuilles d'antiquités dessinées à

Rome par Ph.-A. *Hennequin*, et gravées par *Tassaert*, à la manière du crayon. — 4 cuivres.

19 — 7 académies. Planches gravées au burin pour le concours aux prix de gravures, par *Forster Patrelle* et autres. — 7 cuivres.

20 — 5 études académiques, tirées du tableau de l'Enlèvement des Sabines par L. David, savoir : Romulus; — Tatius; — Hersilie; — *Jeune écuyer*; — et Petit Écuyer. Planches gravées à la manière du crayon par *Badoureau*, d'après les dessins de Parizeau. — 5 cuivres. Haut. 63 cent., larg. 46 cent.

21 — 7 études académiques : *Enfant jouant sur l'herbe ;* — *Mercure, d'après J. de Boulogne ;* — *Cincinnatus;* — *Le Lantin ;* — *Vénus sur les nuages ;* — *Ange du tableau de la Vierge, de Foligno ;* — *Hercule terrassant une chèvre.*
Planches gravées à la manière du crayon, par *Hubert-Lefevre, Demarteau, Carrée, Casenave.* — 7 cuivres. Haut. 64 cent., larg. 47 cent.

22 — 4 études académiques d'après nature, par Hervier, savoir : *Le Tireur d'arc ;* — *Soldat au repos ;* — *Soldat romain ;* — et *Lutteur.* Planches gravées à la manière du crayon, par F. *Girard* et *Perrot.* — 4 cuivres. Haut. 62 cent., larg. 45 cent.

23 — Collection de 8 études académiques d'après Le Barbier l'aîné, savoir : *Samuël ;* — *la Frayeur ;* — *l'Innocence ;* — *Soldat appuyé sur son bouclier ;* — Mercure; — *Faune ;* — *l'Homme au poignard ;* — *Victimaire.* Planches gravées

à la manière du crayon, par *Demarteau.* — 8
cuivres. Haut. 50 à 60 cent., largeur 40 cent.

24 — Principes de paysages dessinés d'après nature, par Sarrazin. 10 cahiers de 4 pl. — 40
cuivres.

25 — Principes de paysages, fabriques, figures et
animaux, gravés par *Couët* fils, d'après Guillaume *Roques.* 10 cahiers de 4 pl.—40 cuivres.

26 — Principes de paysages et animaux, dessinés
par J.-B. *Hüet*, et gravés par *Huët* fils. 4 planches. — 4 cuivres.

27 — Etudes complètes de toutes les espèces d'ar-
bres, utiles aux personnes qui veulent étudier le
paysage; dessinées d'après nature par L. *Faure*,
élève de Bertin, gravées à la manière du crayon.
5 cahiers de 4 planches. — 20 cuivres.

28 — Principes de fleurs à l'usage des jeunes personnes qui désirent se livrer à ce genre d'études ; dessinés d'après nature et gravés avec
soin, par L.-M. *Petit.* 4 cahiers. — 16 cuivres.

29 — 5 études d'animaux, d'après Paul Potter,
savoir : Taureau ; — Vache ;—Bélier ; Chèvre
avec son petit ; — Brebis avec son petit. Planches en largeur, gravées à la manière du
crayon, par Charon. — 5 cuivres.

30 — 2 études d'animaux, savoir : Lion avec son
chien ; — Lionne avec ses lionceaux. Planches
gravées à la manière du crayon, par A. *Noël*,
d'après les dessins de J.-B. *Huet*, faits d'après
nature à la ménagerie du Jardin des Plantes.
— 5 cuivres pour impressions à trois teintes.

31 — 4 études de chevaux, savoir : Cheval au repos ; — Cheval piaffant et hennissant ; — Cheval rassemblé au galop uni sur le bipède latéral gauche ; — Cheval au galop allongé et uni sur le bipède latéral droit. Planches gravées à la manière du crayon, par *Demarteau*, d'après Carle *Vernet*. — 4 cuivres.

32 — Principes élémentaires de dessin et d'anatomie, à l'usage des lycées et des écoles de dessin, en 24 pl., par Louis *Laffitte*, peintre d'histoire, gravés sous la direction de J. *Couché*. — 24 cuivres.

33 — Principes de paysages pour apprendre à dessiner au lavis, composés par *Weirotter*, et gravés par *Le Moreau*. 15 cahiers de 4 pl. — 60 cuivres.

33 *bis.* — 8 cahiers de principes de dessin, dessinés d'après nature par *Monnet*, gravés par *Tassaert*. — 32 cuivres.

33 *ter.* — 6 cahiers de principes de dessin d'après nature, par Ph. L. Parizeau. — 24 cuivres.

OUVRAGES SUR L'ANATOMIE, A L'USAGE DES ARTISTES.

34 — Anatomie du Gladiateur combattant, applicable aux beaux-arts ; ou traité des os, des muscles, du mécanisme des mouvements, des proportions et des caractères du corps humain. Ouvrage grand in-folio, par Jean-Galbert *Salvage*, docteur en médecine, orné de 22 planches gravées par Bosq, d'après les dessins de l'auteur, et 64 pages de texte. — 22 cuivres.

35 — Nouveau traité d'anatomie accommodée aux arts de peinture et de sculpture, par *Tortebat*, exécuté dans le genre du crayon, par T. Leclère, dessinateur, pour la facilité des jeunes élèves, et gravé par Petit. Ouvrage grand in-folio contenant 11 pl., y compris le titre et 10 pages de texte. — 11 cuivres.

36 — Abrégé d'anatomie accommodée aux arts de peinture et de sculpture, ouvrage très utile et très nécessaire à tous ceux qui font profession du dessin, mis en lumière par François Tortebat. Recueil in-folio contenant 11 pl. gravées par Petit, d'après Leclère, et 9 pages de texte. — 11 cuivres.

37 — Abrégé de l'anatomie à l'usage des peintres et utile aux personnes qui veulent apprendre à connaître les parties détaillées du corps humain. Ouvrage in-folio traduit de l'allemand de *Preisler*, contenant 20 pl. y compris le frontispice, et 11 pages de texte. — 20 cuivres.

38 — Exposition exacte, ou tableaux anatomiques en taille-douce des différentes parties du corps humain. Ouvrage in-folio contenant 58 pl. recueillies d'après les meilleurs auteurs, etc., etc., par François-Michel *Desdier*, le tout exécuté par Etienne *Charpentier*, graveur anatomiste. — 60 cuivres.

39 — Collection depuis André *Vesale* jusqu'à nos jours des plus belles pièces d'*anatomie* du corps

de l'homme et de la femme, d'après les meilleurs auteurs. Recueil in-folio de 24 pl. — 24 cuivres.

40 — Traité d'anatomie, d'ostéologie et de myologie, nécessaire au dessin, etc., etc., par *Tanude*, anatomiste, et dessiné par *Naudet*. Recueil in-folio contenant 13 pl. y compris le titre. — 13 cuivres.

41 — Deux études de l'anatomie de la tête, avec explication des parties osseuses; planches gravées à la manière du crayon, par Perrot, d'après Dutertre. — 2 cuivres; larg. 60 cent., haut. 46 cent.

42 — Trois études académiques d'écorché et de squelette, avec le nom des os et l'attache des muscles; planches gravées à la manière du crayon, par *Lucien* et A. *Legrand*, d'après *Tulout* et *Bosio*. — 3 cuivres; haut. 68 cent., larg. 49 cent.

43 — Trois études académiques d'après le grand écorché de Houdon, avec le nom de tous les muscles; planches gravées à la manière du crayon, par *Pariset*, d'après *Mantich*. — 3 cuivres; haut. 56 cent., larg. 40 cent.

ORNEMENTS, FLEURS, VASES, VOITURES, BRODERIES.

44 — Collection d'ornements dessinés par *Krafft* et gravés par *Johannot*. Suite de 25 cahiers.— 100 cuivres.

45 — Suite de 24 cahiers d'ornements dessinés par *Soyer* et gravés par *Lucien*.

Plus, 1 cahier d'aigles dessinés par *Binelli* et gravés par A. *Legrand*.

Ensemble, 25 cahiers. — 100 cuivres.

46 — 6 cahiers d'ornements dessinés par *Saint-Plon* et gravés par *Legrand*. — 24 cuivres.

47 — Collection de 52 cahiers de fleurs, fruits, animaux, oiseaux et papillons, dessinés par *Prevost, Teillard, Mantois*, et gravés par A. *Legrand, Ruotte, Gabriel, Teillard, Leu* et *Mantois*. — 208 cuivres de différentes dimensions.

48 — Fragments et ornements d'architecture dessinés à Rome d'après l'antique, par Charles *Moreau*, architecte, formant supplément à l'œuvre d'architecture de Desgodets. Recueil grand in-folio composé de 36 pl., précédé d'un discours préliminaire. — 36 cuivres.

49 — Collection de coupes de fruits, corbeilles, vases et bouquets de fleurs, d'après madame *Vincent*, gravés par *Chapuy*. Suite de 24 planches. — 24 cuivres.

50 — Suite de vases composée dans le goût de l'antique, dessinée par Joseph-Marie *Vien*, professeur de l'académie royale de peinture et de sculpture, gravée par Marie-Thérèse *Reboul*, sa femme, de la même académie. — 13 planches, y compris le frontispice. — 13 cuivres.

51 — 4 cahiers d'ornements et de décorations pour

plafonds, suite de planches gravées par *Mercoli*, d'après *Albertolli*. — 16 cuivres.

52 — Candelabres (suite de 2 cahiers de), dessinés et gravés par *Guiguet*. — 8 cuivres.

53 — Livre de sujets pour servir aux bijoutiers, orfèvres et tabletiers. Suite de 12 planches de petits sujets gravés au trait. — 12 cuivres.

53 *bis*. — 6 cahiers de meubles, — et 2 cahiers de voitures, par *Binelli*, et gravées par *Blanchard*. — 32 cuivres.

53 *ter*. — 165 planches de modèles de dessins de broderies en perles sur canevas.— 165 cuivres.

OUVRAGES SUR L'ARCHITECTURE ET LES ARTS INDUSTRIELS.

54 — Règles des cinq ordres d'architecture de Vignole, ouvrage dans lequel on donne : une idée de la géométrie, les définitions des figures, etc.; par C.-M. *Delagardette*, architecte. Nouvelle édition publiée en 1840, entièrement refondue et enrichie de nouvelles planches, telles que le Panthéon de Rome et ses détails, etc.; ouvrage composé de 50 pl. et de 40 pag. de texte.

Cet ouvrage a pour suite et comprend les Leçons élémentaires des ombres dans l'architecture, démontrées par des principes puisés dans la nature, par le *même auteur*, appendice de 25 pl. et de 24 pag. de texte.— Total : 77 cuivres pour les deux ouvrages réunis, y compris ceux des titres. — Plus, 77 cuivres pour l'ancienne édition. Ensemble 154 cuivres.

55 — Traité des cinq ordres d'architecture d'**André** *Palladio*, mis en parallèle avec ceux de *Vignole*, par Alexandre *Sobro*, peintre et architecte. Ouvrage corrigé, augmenté et mis au jour par Alex. C., architecte. 1 vol. in-fol., contenant 50 pl. et un frontispice; suivie de 7 pages de texte gravées en taille-douce. — 58 cuivres.

56 — Règle des cinq ordres d'architecture selon Jacques *Barrozio de Vignole*, dessinée et gravée par J. *Michelinot*, professeur d'architecture. 1 vol. in-fol., contenant 14 pl. — 15 cuivres, y compris celui de la planche du titre.

57 — *Grand et nouveau Vignole*, ou règle des cinq ordres d'*architecture*, selon Jacques *Barrozio de Vignole*, augmenté de l'ordre français, avec un traité de géométrie, de la coupe des pierres, des bâtiments et jardins; de charpente, de menuiserie et serrurerie, par *Panseron*, professeur d'architecture, et gravé par *Van Maelle*. 1 vol. in-fol. avec le texte gravé en taille-douce. — 79 cuivres.

58 — Le Vignole moderne, ou traité élémentaire d'architecture, par J.-B. *Lucotte*. Ouvrage en trois parties distinctes, contenant chacune 36 pl. et environ 60 pages de texte. — 111 cuivres, y compris ceux des planches des frontispices de chaque partie.

59 — Le petit Vignole moderne, ou règle des cinq ordres d'architecture, selon Jacques *Barrozio de Vignole*, augmenté de l'ordre français. Ouvrage

in-4, composé de 30 pl. — 31 cuivres, y compris celui du titre.

60 — Développement des cinq ordres d'architecture, suivant l'opinion de *Vignole, Paladio, Scamozy, Alberty*, et autres architectes anciens et modernes. Recueil in-8 de 72 pl., y compris le frontispice. — 72 cuivres.

61 — Traité des premiers éléments d'architecture à l'usage des ouvriers en bâtiments et de tous ceux qui se destinent à l'art de construire, par *Demont*. Ouvrage in-4, composé de 47 pl. et de 24 pages de texte, publié en 1840. — 48 cuivres, y compris celui du titre.

62 — Traité des cinq ordres d'architecture et des premiers éléments de construction, par *Thierry*, gravé par *Guiguet*. Ouvrage in-4, composé de 54 pl. et de 9 pages de texte, publié en 1841. — 55 cuivres, y compris celui du titre.

63 — Cours de dessin linéaire, par *Thierry*, d'après différents maîtres, gravé par *Guiguet*, et composé de 6 cahiers.

Plus, 5 autres cahiers de modèles de dessin linéaire. — Ensemble : 11 cahiers. — 44 cuivres.

64 — Traité d'architecture théorique et pratique, à l'usage des architectes, maîtres maçons, charpentiers, menuisiers, sculpteurs, marbriers, etc. ; avec des planches tirées de *Vignole, Palladio, Scamozzi, Michel Ange, Serlio*, et autres maîtres. Ouvrage précédé d'éléments de géométrie, à la portée des ouvriers, par M.-A. *Paulin*.

1 vol. in-fol., contenant 58 pl. et 24 pages de texte. Nouvelle édition publiée en 1832. — 59 cuivres, y compris celui de la planche des notions de géométrie.

65 — Traité de perspective à l'usage des artistes, commencé par *Sobro*, peintre et architecte, continué, corrigé et mis au jour par *Chamot*, architecte-ingénieur. 1 vol. in-fol. orné de 76 pl., avec 8 pages de texte gravées en taille-douce, et frontispice. — 85 cuivres.

66 — Maisons de ville et de campagne, de toutes formes et de tous genres, projetées pour être construites sur des terrains de différentes grandeurs; ouvrage utile à tous constructeurs et entrepreneurs, et à toutes personnes qui, ayant quelques connaissances en construction, veulent elles-mêmes diriger leurs bâtiments, par L.-A. *Dubut*, architecte et pensionnaire de l'école de France à Rome. 1 vol. in-fol. contenant 89 pl. Nouvelle édition publiée en 1842.— 90 cuivres, y compris celui du titre.

67 — Traité élémentaire de la coupe des pierres, ou art du trait, par *Simonin*, mis au jour par *Delagardette*, architecte. 1 vol. in-4. de 54 pages de texte, orné de 50 pl. gravées par *Moisy*. Nouvelle édition publiée en 1843.— 51 cuivres, y compris celui du titre.

68 — Traité de la coupe des pierres, divisé en six parties. Ouvrage utile aux architectes, entrepreneurs et tailleurs de pierres, par *Ménard*, revu, corrigé et augmenté par *Mangin*, architecte.

1 vol. in-fol., contenant 45 pl. et 46 pages de texte. — 46 cuivres, y compris celui du frontispice.

69 — Traité de la charpente civile, par J.-J. L.-G. *Monnin*. 1 vol in-fol., contenant 26 pl. dessinées par l'auteur et gravées par *Guiguet*, etc. 16 pages de texte. — 27 cuivres, y compris celui du titre.

70 — Nouveau cahier de charpente, composé de nouvelles machines pour le service des bâtiments de la marine et de plusieurs constructions de grands et moyens édifices. — 6 cuivres.

71 — Suite de 14 cahiers de menuiserie, dessinés par *Demont* et gravés par *Guiguet*. — 56 cuivres.

72 — *Traité de serrurerie*, par J.-J. L.-G. *Monnin*. Recueil in-fol. de 27 pl. dessinées par l'auteur et gravées par *Guiguet*, précédées d'un texte intitulé : *l'art du serrurier*. — 28 cuivres, y compris celui du titre.

73 — Suite de 20 cahiers de serrureries modernes, dessinés par *Binelli*, *Fay* et *Delalonde*, et gravées par *Queverdo* et autres. — 80 cuivres.

74 — Suite de 6 cahiers de serrurerie, dessinés par *Demont* et gravés par *Guiguet*. — 24 cuivres.

75 — Recueil d'escaliers en pierre, charpente, menuiserie et fonte, à l'usage des ouvriers en bâtiments, composé et dessiné par *Thierry*, et gravé par *Guiguet*. Ouvrage in-4, publié en 1844, composé de 24 pl. et de 8 pages de texte. — 25 cuivres, y compris celui du titre.

76 — Plans, coupes et élévation du *théâtre de Bor-*

deaux et de la partie de la ville qui avoisine la nouvelle salle, en 22 pl. gravées d'après les plans originaux de l'architecte *Louis*. — 23 cuivres, y compris celui de la dédicace à **M.** le duc de Richelieu.

ŒUVRES DIVERSES, RECUEILS ET COLLECTIONS.

77 — Les *Sept OEuvres de Miséricorde*, suite de 7 pièces composées et gravées à l'eau-forte par Sébastien *Bourdon*. Dans la marge du bas de chacune de ces pièces, on lit, savoir : I. *Esurientes pascere.* — II. *Potare sitientes.* — III. *Hospitio excipire advenas.* — IIII. *Vestire nudos.* — V. *Ægros curare.* — VI. *Liberare captivos.* — VII. *Sepelire mortuos.*

Ces pièces sont les nos 2 à 8 de l'œuvre de ce maître, dans le Peintre graveur français, par M. Robert Dumesnil. (1er vol., page 134.)

7 cuivres. Larg. 37 cent., haut. 24 cent., y compris la marge du bas.

78 — Les travaux d'Ulysse, peints à Fontainebleau par *le Primatice*, dédiés à monseigneur de Liancourt, par Théodore *Van Thulden*. 1635. Suite de 58 pl. gravées à l'eau-forte, formant un recueil in-4°. — 59 cuivres, y compris celui du frontispice.

79 — Recueil de sujets de divers genres, dessinés et gravés à l'eau-forte par *Duplessi-Bertaux ;*

précédé d'une notice historique sur la gravure à l'eau-forte, et sur les artistes qui s'y sont distingués. Huit cahiers : sept de 12 pl. chacun et le dernier de 16 pl. — 100 cuivres.

80 — Recueil de gravures, d'après des vases antiques, la plupart d'un travail grec, trouvés dans des tombeaux au royaume des Deux-Siciles, principalement dans les environs de Naples, en 1789 et 1790, tirés du cabinet de M. Charles *Hamilton*. Ouvrage publié d'après M. Guillaume Tischben. Paris, Bénard, an XI (1803), 4 vol. in-fol., texte explicatif, et 60 pl. par vol. — 240 cuivres.

81 — Livre de portraiture d'Annib. *Carrache ;* à Paris, chez *de Poilly*, à l'Image Saint-Benoît. Recueil in-4° oblong de 30 pl. — 30 cuivres.

82 — Livre de portraiture, recueilli des œuvres de Joseph de *Riuera* (pour Ribera), dit l'Espagnolet. Recueil in-4° composé de 24 planches gravées à la manière du crayon. — 24 cuivres.

83 — Collection de têtes d'expressions représentant les différentes passions de l'ame, d'après les plus célèbres maîtres de toutes les écoles, dessinées d'après les tableaux du Musée, par J.-A. *Sauvage*, dit *Lemire*, et gravées par J.-J.-F. *Tassaert*. Six cahiers de 6 pl. chacun. — 37 cuivres, y compris celui de la couverture.

84 — Recueil de principes élémentaires de peinture sur l'expression des passions; suivi d'un abrégé sur la physionomie, et d'un abrégé du système nommé la *Physionomie*. Extrait des œuvres de

Ch. *Lebrun*, *Winkelmann*, *Mengs*, *Watelet*, etc., à l'usage des jeunes artistes. 1 vol. in-fol. oblong. — 55 cuivres.

85 — Des passions et de leur expression générale et particulière sous le rapport des beaux-arts, par *Gault de Saint-Germain*, avec figures d'après les plus célèbres artistes anciens et modernes qui ont excellé dans l'expression. 1 vol. in-8°, orné de 25 pl. dessinées et gravées par MM. *Lemire* et *Tassaert*. — 25 cuivres.

86 — Collection de toutes les espèces de bâtiments de guerre et de bâtiments marchands qui naviguent sur l'Océan et dans la Méditerranée, dessinés d'après nature et gravés par *Baugean*, composée de 72 pl. et accompagnée d'un texte explicatif. — 73 cuivres, y compris celui de la couverture.

PORTRAITS.

87 — Le comte d'Harcourt (Henri de Lorraine), portrait connu sous le nom de *Cadet à la perle*, planche gravée au burin, en 1667, par Antoine *Masson*, d'après N. *Mignard*. *Planche chef-d'œuvre du maître*. On lit dans la marge, à gauche, et tout au bas : *Ce vend à Paris, chez Nicolas de Poilly, rue Saint-Jacques, à la belle Image, avec privilège du roi.*

Cette pièce est le n° 84 de l'œuvre de ce

maître dans le Peintre graveur français par
M. Robert Dumesnil. (2ᵉ vol., page 122.) — 1
cuivre. Haut. 55 cent., larg. 40 cent.

88 — *Samuël Bernard*, portrait en pied gravé au
burin, en 1729, par *Drevet* fils (Pierre Imbert),
d'après Hyacinthe *Rigaud*. Ce personnage est
représenté assis près de son bureau, dirigé vers
la gauche. — 1 cuivre. Haut. 62 cent., larg.
44 cent.

89 — 7 portraits à mi-corps de souverains, savoir :
Alexandre Iᵉʳ, empereur de toutes les Russies ;
— *François II*, empereur d'Allemagne et d'Autriche ; — *Frédéric-Guillaume III*, électeur de
Brandebourg et roi de Prusse ; — *George-Au-
guste-Frédéric*, prince régent d'Angleterre ; —
Sultan Selim III, empereur des Ottomans ; —
le *Shah de Perse* ; — et *Charles-Jean*, roi de
Suède et de Norwége. Planches en hauteur,
gravées au pointillé, par *Bourgeois de la Richar-
dière*, *Schmit* et *Ruotte*. — 7 cuivres. Haut. 43
cent., larg. 33 cent.

90 — Les portraits en buste de : Oudinot (N.-C.),
duc de Reggio ; — Et. Marmont (Auguste-Fré-
déric-Louis Viesse de), planches gravées au
burin par M. *Forster*. Le premier d'après Robert *Lefebvre*, et le second d'après *Muneret*. —
2 cuivres. Haut. 44 cent., larg. 32 cent.

91 — *Napoléon-le-Grand* ; — et *Marie-Louise*, portraits en buste dans des médaillons ornés de
trophées. Planches gravées au burin par P.

Audouin, d'après *Chatillon*, et le buste de *Bosio*. — 2 cuivres. Haut. 44 cent., larg. 34 cent.

Plus, 4 autres cuivres pour des doubles ti-tres : l'un avec bataille d'Austerlitz ; — et l'au-tre avec couronnement. Ensemble, 6 cuivres.

92 — Le portrait en pied de *Napoléon Bonaparte*, planche gravée à l'aqua tinta, par *Lehcavel*, d'a-près Robert *Lefebvre*. — Planche en 4 cuivres pour impressions en couleur. Haut. 64 cent., larg. 44 cent.

93 — Le général *Lafayette*, sujet allégorique, sans noms d'artistes. Planche gravée en manière noire par Moreau, d'après Dubouloz. — 1 cui-vre. Larg. 62 cent., haut. 53 cent.

94 — Collection de 46 portraits en pied de maré-chaux, généraux et autres guerriers, savoir : *Eugène*, — *Cambronne*, — *Drouot*, — *Poniatow-ski*, — *Augereau*, — *Rapp*, — *Brune*, etc., etc. Planches gravées en manière noire par *Charon*, d'après *Aubry* et *Martinet*. — 46 cuivres. Haut. 48 cent., larg. 34 cent.

95 — Les adieux de Louis XVI à sa famille ; — et les adieux de Marie-Antoinette à sa famille, deux planches faisant pendant ; — les portraits de la famille royale de France, en six médaillons sur la même planche, ayant pour titre : *Le ciel n'est pas plus pur que le fond de leur cœur;* — le portrait de la duchesse de Berry avec ses deux enfants. Cette dernière planche gravée par Guyot, d'après J.-B. Duvivier. Les autres sans noms d'artistes. — 4 cuivres.

BATAILLES, SUJETS ET SCÈNES MILITAIRES.

96 — Collection de toutes les batailles des armées françaises qui se sont données depuis 1789 jusqu'en 1814, et des principaux faits historiques et mémorables qui ont eu lieu pendant la même époque. Suite de 48 planches gravées au burin par Le Beau d'après Naudet, plus le portrait équestre de Napoléon pour servir de frontispice. — 49 Cuivres. Larg. 51 cent., haut. 40 cent.

NOTA. Cet article pourra être divisé.

97 — *Passage du Pô; bataille de Lodi.* 2 planches gravées au burin par *Mercoli*, d'après *Bacler-d'Albe.* — 2 cuivres. Larg. 69 cent., haut. 51 cent.

98 — *Evacuation de la France par les Prussiens en 1792; — Bataille de Spinosa en 1808; — Prise de la Corogne le 24 janvier 1809; — Bataille de Ciudad-Réal le 27 mars 1809; — Marche des Français dans les défilés de Salamande; — Bataille de Toulouse le 10 avril 1814; — Combat des Buttes Saint-Chaumont en 1814.* 7 planches gravées au burin. — 7 cuivres. Larg. 50 cent., haut. 38 cent.

99 — Bonaparte au siége de Toulon; — Bataille de Marengo; — Veille d'Austerlitz; — Napoléon devant Ratisbonne; — Bivouac de Napoléon; — Retour de l'Ile d'Elbe; — Derniers moments de Napoléon; — le Sommeil du Lion; — Ah!

mon fils ! devais-je te voir si tôt !!! — Siége de la citadelle d'Anvers ; — la Garde meurt et ne se rend pas !!! — Aux Braves; — Portraits de la famille de Napoléon. — 13 planches gravées en manière noire. — 13 cuivres, Larg. 43 cent., haut, 25 cent.

100 — *Entrevue de LL. MM. l'Empereur des Français et l'Empereur de Russie sur le Niémen le 25 janvier 1807 ;* planche gravée en manière noire par *Debucourt*, d'après M. *Horace Vernet.* — 1 cuivre. Larg. 68 cent., haut. 42 cent.

101 — *Prise de Logrono ; — Prise du fort de Santi-Pétri ; — Prise du Trocadero; — la Délivrance du roi d'Espagne.* 4 planches gravées en manière noire *Moreau*, d'après *Martinet.* — 4 cuivres. Larg. 45 cent., haut. 38 cent.

102 — Suite de 4 sujets de la vie du prince Eugène de *Beauharnais.* Planches en manière noire par *Charon*, d'après *Martinet.* — 4 cuivres. Larg. 45 cent., haut. 37 cent.

103 — *Poniatowski fait ses adieux à sa famille ; Mort du prince Poniatowski ; — le prince Poniatowski retrouvé dans l'Elster ; — la princesse Poniatowski apprend la mort de son mari.* 4 planches gravées en manière noire par *Charon*, d'après *Martinet.* — 4 cuivres. Larg. 45 cent., haut. 37 cent.

104 — *Qui sert bien son pays, n'a pas besoin d'aïeux; — la Valeur n'attend pas le nombre des années.* 2 planches gravées en manière noire, par *Cha-*

ron, d'après *Aubry*. — 2 cuivres. Larg. 45 cent., haut. 36 cent.

105 — *Adieux du maréchal Lannes à sa famille ;* — et *mort du maréchal Lannes.* 2 planches gravées en manière noire par *Charon*, d'après *Martinet.* — 2 cuivres. Larg. 45 cent., haut. 36 cent.

106 — *A tous les cœurs bien nés, que la Patrie est chère ;* — et *c'est dans les grands dangers qu'on voit un grand courage.* 2 planches gravées en manière noire, par Charon d'après Aubry. — 2 cuivres. Larg. 45 cent., haut. 37 cent.

107 — Mille succès contre un Revers ; — et la Valeur est immortelle en France. 2 planches gravées en manière noire par Charon d'après Aubry. — 2 cuivres. Larg. 45 cent., haut. 36 cent.

108 — *Surprise et Retraite des Autrichiens au mont Saint-Bernard ;* — et *Trait d'humanité d'Eugène Beauharnais.* 2 planches gravées en manière noire par *Charon*, d'après des dessins d'un officier du génie. — 2 cuivres. Larg. 44 cent., haut. 37 cent.

109 — *Lasalle au combat de Salahyeh en Egypte ;* — et *Lasalle à la Bataille de Wagram.* 2 planches gravées en manière noire par *Charon* d'après *Martinet.* — 2 cuivres. Larg. 45 cent., haut. 37 cent.

110 — *Patrie, héroïsme et dévouement, ou les Français aux combats ;* — et *Humanité, honneurs et devoirs.* 2 planches gravées en manière noire, par

Charon, d'après *Aubry*. — 2 cuivres. Larg.
45 cent., haut. 36 cent.

111. — Attaque du Louvre; — et Attaque des
Tuileries le 29 juillet 1830. — 2 sujets dessinés par Martinet et gravés en manière noire,
par Charon. — 2 cuivres.

112 — *Prise de l'Hôtel-de-Ville*; — *Prise de la
Caserne de Babylone;* — *Attaque du Louvre;* — et
Attaque des Tuileries. 4 planches gravées en manière noire par *Charon*, d'après *Martinet*, savoir : 3 sur cuivre et 1 sur acier. Larg. 51
cent., haut. 38 cent.

113 — *Le Convoi d'un Brave ;* — *le Véritable Ami*;
— *la Sentinelle perdue ;* — *le pénible Service ;*
— *le Chien du Bataillon ;* — *la mort d'un Trom-
pette*. 6 planches gravées en manière noire par
Charon. — 6 cuivres. Larg. 35 cent.. haut.
36 cent.

114 — *Le Départ d'un Conscrit ;* — et *le Retour
d'un Brave*. 2 planches gravées en manière
noire par *Charon* d'après *Bouchot*. — 2 cuivres.
Larg. 45 cent., haut. 36 cent.

115 — *Le Premier* et *le Second coup de feu*. 2 planches gravées en manière noire, par *Charon*,
d'après *Martinet*. — 2 cuivres. Larg. 46 cent.,
haut. 36 cent.

116 — *Les Français en garnison ;* — et *le Départ de
la garnison*. 2 planches gravées en manière
noire par *Charon*, d'après *Aubry*. — 2 cuivres.
Larg. 46 cent., haut. 36 cent.

117 — La Prise de la frégate anglaise *Java* par la

frégate américaine la *Constitution* ; — prise de la corvette anglaise *Forlic* par la corvette américaine *Wasp* ; — prise de la frégate anglaise *Macedonian* par la frégate américaine *United States* ; — prise de la frégate anglaise la *Guer-rière* par la frégate américaine la *Constitutiou*. 4 planches gravées au burin par Beaujean, d'après *Moutardier*.—4 cuivres. Larg. 51 cent., haut. 40 cent.

118 — Combat entre la frégate française la Sur-veillante et la frégate anglaise le Quebec, le 6 octobre 1779 ; — et Combat mémorable entre le capitaine Pearson commandant le Sérapis, et Paul Jones commandant le Bonhomme Richard et son escadre. 2 planches gravées à l'eau forte sans aucuns noms d'artistes. 2 cuivres. Larg. 53 cent., haut. 39 cent.

119 — *Combat de Navarin ;* — et *Dévouement glo-rieux de Bisson.* 2 planches gravées au burin par Beaujean d'après ses dessins. — 2 cuivres. Larg. 50 cent., haut. 37 cent.

120 — Combat du *Vengeur ;* — et *la Bayonnaise,* corvette française , prenant à l'abordage la fré-gate anglaise l'*Embuscade.* 2 planches gravées au burin par Y. Le Gouaz, d'après P. Ozanne. — 2 cuivres. Larg. 46 cent., haut. 35 cent.

121 — Les Campagnes de *Duguay-Trouin,* Recueil de combats et batailles navales. Ouvrage orné de 18 figures, 2 cartes, frontispice et portraits, gravés en taille-douce par J. F. *Ozanne* d'après

les dessins de N. *Ozanne* sur 17 planches. — 30 cuivres, y compris ceux pour le texte.

122. — Recueil des Combats de Jean-Bart, chef d'escadre, sous Louis XIV, suivi de l'abrégé de sa vie. Suite de 19 planches y compris celle du titre de l'ouvrage, gravées par Y. Le Gouaz. — 19 cuivres. Larg. 22 cent., haut. 18 cent.

123 — Actions glorieuses et faits d'armes; d'*Augereau*; — de *Cambronne*; — de *Davoust*; — de *Desaix*; — du prince *Eugène*; — de *Lannes*; — de *Macdonald*; — de *Masséna*; — d'*Oudinot*; — de *Pérignon*; — de *Poniatowski*; — de *Rapp*; — de *Soult*; — de *Victor*; — et du duc d'*Angoulême*. Collection de 16 planches gravées en manière noire par Charon. — 16 cuivres. Haut. 34 cent., larg. 26 cent.

124 — Boucliers français; — Suite de 12 sujets militaires et historiques, gravés en manière noire par Charon, d'après Aubry. — 12 cuivres.

125 — *Brevets* d'armes, contrepointe, bâton, danse, etc. — 8 cuivres. Larg. 46 cent., haut. 37 cent.

SUJETS DE SAINTETÉ, DE DÉVOTIONS, DE L'ANCIEN ET DU NOUVEAU TESTAMENT, IMAGERIE.

126 — Collection de portraits en pied de saints et de saintes, avec prières et exercices de dévotion dans la marge du bas. 35 pl. gravées au pointillé, par *Renard, Danois, Baudran, Le-*

grand, *Mauduison, Laverdin,* P. *Tassaert, Gef-*
froy et autres, d'après *Tassaert,* T. *Charon,*
Blaisot, P. *Tassaert.* — · 35 cuivres. Haut. 38
cent., larg. 28 cent.

127 — Invocation à la Vierge; — et remerciment
à la Vierge. 2 pl. gravées au pointillé. —
2 cuivres.

128 — Suite de quatre sujets pieux : *le Divin pas-*
teur; — *le Modèle du chrétien;* — *la Barque du*
salut; — et *l'Hommage de l'innocence.* Planches gravées au pointillé par *Mauduison,* d'après
Coquantin. — 4 cuivres. Haut. 40 cent., larg.
27 cent.

129 — Suite de quatre Evangélistes : saint Jean;
— saint Mathieu; — saint Luc; — et saint Marc.
Planches gravées au pointillé par Renard, Tassaërt, Danois, et Laverdin, d'après Blaizot et
Tassaërt. — 4 cuivres. Haut. 39 cent., larg.
27 cent.

130 — Suite de quatre prophètes : *Moïse;* — *David;*
— *Daniel;* — *Isaïe.* Planches gravées au pointillé
par *Renard,* d'après *Numa.* 4 cuivres. Haut. 40
cent., larg. 28 cent.

131 — 73 planches de saints et de sujets de piété, de
formes rondes et ovales, avec bordures dites à
dentelles. — 73 cuivres.

131 — 20 feuilles d'imagerie religieuse gravées
en 37 planches, savoir : 14 feuilles d'images
de sainteté, dont 13 par 16 sujets et 1 par 20;

2 feuilles de stations et de chemin de la croix par 16 sujets;

Et 4 feuilles d'emblèmes de dévotion, également par 16 sujets. — 37 cuivres.

131 *ter.* — 3 feuilles d'emblèmes de dévotion par 12 sujets sur chacune. — 3 cuivres.

SUJETS DIVERS,

PAR SUITES DE 2, 4, 6, 8 ET PLUS.

132 — Le *Matin* et le *Soir*, deux planches ayant pour titre en langue anglaise *Morning, Evening,* — gravées en manière noire par J. *Barney*, d'après F. *Wheatly*. — 2 cuivres. Larg. 60 cent., haut. 48 cent.

133 — Les *Travaux champêtres* — et le *Repos des bergers.* 2 planches gravées en manière noire, par *Moreau.*—2 cuivres. Larg. 46 cent., haut. 36 cent.

134 — Deux sujets; effets de neige, avec bordures : *l'Ami du pauvre,* — et *Il sauve son maître.* Planches composées et gravées en manière noire, par J. *Marchand.* — 2 cuivres. Larg. 46 cent., haut. 36 cent.

135 — Deux sujets, effets de neige, avec bordures : les Bûcherons au bois, et le Retour des Bûcherons. Planches gravées en manière noire, par A. Moreau, d'après Wexelberg. — 2 cuivres. Larg. 47 cent., haut. 36 cent.

136, — Deux sujets, effets de neige, avec bordures .
Départ et *Halte*. Planches gravées en manière
noire, par A. Moreau, d'après ses dessins. —
2 cuivres. Larg. 41 cent., haut. 30 cent.

137 — *L'Amour* — et la *Jalousie*. 2 pl. gravées en
manière noire, par *Leclère*, d'après *Stephanoff*.
— 2 cuivres. Larg. 41 cent., haut. 32 cent.

138 — *Ouverture des États-généraux par Louis
XVI*, à Versailles, le 5 mai 1789; — *Constitution de l'Assemblée nationale* et serment des
députés qui la composent, à Versailles, le 17
juin 1789. Deux planches gravées au burin,
d'après les dessins faits d'après nature par J.
M. *Moreau*, dessinateur et graveur du cabinet du
roi.—2 cuivres. Larg. 47 cent., haut. 39 cent.

139 — Suite des quatre parties du jour : le Matin,
— le Midi, — le Soir — et la Nuit. Planches
gravées en manière noire par *Moreau*, d'après
Vexelberg. — 4 cuivres. Larg. 45 cent., haut.
45 cent.

140 — Suite des quatre saisons : le *Printemps*,
— l'*Eté*, — l'*Automne* — et l'*Hiver*. 4 planches
gravées par *Charon*, d'après *Blaisot*. — 4 cuivres.

141 — Suite de quatre sujets, effets de neige,
avec bordures, représentant les quatre éléments : la *Terre*,—l'*Air*,—l'*Eau* — et le *Feu*.
Planches gravées en manière noire, par A.
Moreau, d'après *Vexelberg*.—4 cuivres. Larg.
42 cent., haut. 32 cent.

142 — *L'enfance de Paul et Virginie*, — l'*adoles-*

cence de *Paul et Virginie*, — *le triomphe de la vertu*, — et *Virginie au tombeau*. Suite de 4 pl. gravées au pointillé par Augustin *Legrand*, d'après *Schall*. — 4 cuivres. Larg. 46 cent., haut. 40 cent.

143 — *Histoire de la côte de deux amants.* Suite de quatre sujets gravés au pointillé et au burin par Lebour, d'après F. Charon. — 4 cuivres. Larg. 47 cent., haut. 37 cent.

144 — Suite de quatre sujets gracieux représentant les quatre éléments. Planches gravées au pointillé, par *Mauduison*, d'après Numa Bassaget.—4 cuivres. Haut. 37 cent., larg. 26 cent.

145 — Suite de quatre sujets gracieux représentant les quatre parties du jour. Planches gravées au pointillé, par Renard, d'après Blaisot. — 4 cuivres. Haut. 34 cent., larg. 25 cent.

146 — Suite de quatre sujets gracieux représentant les quatre saisons. Planches gravées au pointillé par Bernard, d'après Dusaulchoy. — 4 cuivres. Haut. 33 cent., larg. 25 cent.

147 — La Vache au pâturage, — l'Ane à l'abreuvoir, — Le Taureau furieux, — le Cheval échappé. Suite de 4 pl. gravées à l'eau-forte, par Schwartz, d'après Laurenty, Denis et C. Vernet. — 4 cuivres. Larg. 45 cent., Haut. 32 cent.

148 — Suite des quatre saisons, et Histoire de Marie de Gonzague. 8 pl. en larg.—8 cuivres.

149 — Leçons d'armes, — d'équitation, — de

danse — et d'exercice. Suite de 4 pl. gravées en manière noire. — 4 cuivres.

150 — Le *convoi d'un pauvre*, — le *convoi d'un riche*, — le Soldat laboureur, — le Soldat moissonneur, — le Maréchal-ferrant, — l'Ecurie. 6 pl. gravées en manière noire, par Charon. — 6 cuivres. Larg. 34 cent., haut. 25 cent.

151 — *On n'entre pas*, — *Regardez, mais n'y touchez pas*, — *Lisbeth y voit du poisson, et Lucas autre chose*, — Est bien embarrassé qui tient la queue de la poële, — Baisez vite, — Dieu, merci, j' n'en ons pas perdu une goutte. 6 pl. de caricatures sans noms d'auteurs.—6 cuivres.

152 — *Le colin-maillard*, — *le joueur de violon*, — *les écoliers en désordre*, — *l'ordre rétabli dans l'école*, — *la main-chaude*, — *la lettre de recommandation* — et *la souris échappée*, d'après *D. Wilkie* et *Henry Richter*, et autres. 7 pl. gravées en manière noire par *Esbrard*.—7 cuivres de 41 cent. sur 33 cent.

153 — Vingt-quatre planches de différents sujets historiques, tels que : Mort de Charles Ier, roi d'Angleterre, et suite, — Combat de la Hogue, — Mort du général Wolff, — Mort du capitaine Cook, — Guillaume Tell, — Mort de Turenne,—de Bayard, — de d'Assas, —de Léonard de Vinci, etc., etc. — 24 cuivres. Larg. 25 cent., haut. 17 cent.

154 — *Colleccion de las principales suertes de una Corrida de Toros*. 2 grandes planches contenant

chacune six sujets de combats de taureaux. —
2 cuivres. Larg. 58 cent., haut. 49 cent.

155 — Trente-neuf planches de petites figures de
fantaisie, d'après *Desronne*, gravées au pointillé
par *Millot*, *Tronchon* et *Vincent*. — 39 cuivres.

ESTAMPES DIVERSES,

PAR ET D'APRÈS DES MAÎTRES DES ÉCOLES ANCIENNES ET MODERNES.

157 — Six sujets tirés de l'histoire d'*Alexandre-
le-Grand;* et deux de l'histoire de *Constantin;* — La bataille contre Maxence, et le triomphe de Constantin; ensemble 8 planches d'après
Charles Le Brun, savoir : les six sujets d'Alexandre, gravés au burin par *Benoit* et *Jean Audran;* et les deux sujets de Constantin par N.
H. *Tardieu*, sous la direction de *B.* et *J. Audran.* — 8 cuivres, dont 2 de 36 cent. de larg.
sur 29 de haut., et les 6 autres, de 60 cent.
de larg. sur 30 cent. de haut.

158 — La famille de Darius aux pieds d'Alexandre, d'après Pierre *Mignard;* — Grande pièce
en larg., connue sous le nom de *Tente de Darius.*
Planche en deux morceaux qui s'assemblent
côte à côte, commencée par Gérard *Edelinck*
et terminée par P. *Drevet* le père; on y lit dans
la marge du bas, en latin et en français; « *La
modération est une seconde victoire*, etc., etc. »

Suivi de deux lignes de texte historique également dans les deux langues.

Cette pièce est le n° 43 de l'OEuvre de Gérard Edelinck dans l'ouvrage du Peintre graveur français, par M. Robert Dumesnil (7e vol., p. 202). — 2 Cuivres de chacun 70 cent. de haut sur 44 et 49 cent. de larg.

159 — La sainte Vierge allaitant l'Enfant Jésus; d'après *Van Dick*. Planche gravée au burin, par J. *Massard;* ayant pour titre : *La plus belle des mères*, séparé par les armoiries de la marquise de Créquy, avec dédicace à cette dame. — 1 cuivre. Haut. 53 cent., largeur 37 cent.

160 — Le Jugement de Paris. Planche gravée au burin par Maurice Blot, d'après Adrien Van-der Werf. — 1 cuivre. Haut. 52 cent., largeur 37 cent.

161 — *Vénus désarmant l'Amour.* Planche gravée par M. Aug. *Desnoyers*, d'après *Robert-Lefebvre.* — 1 cuivre. Haut. 54 cent., larg. 39 cent.

162 — L'*Amour désarmé.* Planche gravée au burin par C. *Guérin* d'après le *Corrège.* — 1 cuivre. Haut. 59 cent., larg. 41 cent.

163 — *Apollon couronnant la Vérité.* Planche gravée au burin par P. *Audoin* d'après *Landon.* — 1 cuivre. Haut. 50 cent., larg. 38 cent.

164 — *Canadiens au tombeau de leur enfant.* Planche gravée au burin par *Ingouf* le jeune, d'après *Le Barbier* l'aîné. — 1 cuivre. Haut. 55 cent., larg. 41 cent.

165 — *Adam et Eve.* Planche gravée au burin par

Jean *Massard*, d'après *Carlo Cignani*. — 1 cuivre. Haut. 64 cent., larg. 47 cent.

166 — Sujet en hauteur de la mort d'Abel ayant
pour titre : « *Prima mors, Primi parentès, Pri-
mus luctus.* » Planche gravée au burin par
Porporati, d'après Ad. *Van der Werff*. —
1 cuivre. Haut. 56 cent., larg. 40 cent.

167 — L'*Attente du plaisir*. Planche gravée au
burin par L. *Lempereur*, d'après Annibal *Carrache*. — 1 cuivre. Larg. 53 cent., haut. 43 cent.

168 — *Angélique et Médor*. Planche gravée au burin par N. *De Launay*, d'après J. *Raoux*. —
1 cuivre. Haut. 53 cent., larg. 39 cent.

169 — *Léonard de Vinci mourant dans les bras de
François I*er. Planche gravée à l'eau-forte et
au burin, par J. Ch. Levasseur, d'après Ména-
geot. 1 cuivre. Haut. 54 cent., larg. 47 cent.

170 — *Honneurs rendus au connétable du Guesclin*.
Planche gravée au burin, par B. L. *Henriquez*,
d'après *Brennet*. — 1 cuivre. Larg. 58 cent.,
haut. 50 cent.

171 — Deux sujets de forme ovale : *Les amours de la
nymphe Salmacis avec Hermaphrodite, fils de
Mercure et de Venus;* et pendant. Planches gravées à l'eau-forte, par Nicolas *Dorigny*, d'après
l'Albane. — 2 cuivres de 65 cent. sur 54 cent.

172 — Deux planches gravées au burin, d'après
Van Dyck, savoir :

Agar reçue par Abraham, par *Massard*. Et
Agar renvoyée par Abraham, par *Porporati*.—
2 cuivres. Haut. 58 cent., larg. 43 cent.

173 — Deux planches gravées au burin, savoir :

Chasse royale, par *Malbeste* et J. Ph. *Lebas,* d'après A. *Van de Velde ;* — Et le *marché aux herbes d'Amsterdam,* par *David,* d'après Gabriel *Metzu.*—2 cuivres. Haut. 50 cent., larg. 47 cent.

174 — Le repos de Diane, d'après Eustache *Lesueur ;* — et Jupiter et Calisto, d'après *Halé.* 2 pl. de forme ronde gravées au burin par B. L. *Henriquez.* — 2 cuivres. Haut. 50 cent., larg. 45 cent.

175 — *Mars va à la guerre ;* —et *Mars de retour de la guerre.* 2 pl. gravées au burin par J.-J. *Avril,* d'après P.-P. *Rubens.* — 2 cuivres. Larg. 52 cent., haut. 41 cent.

176 — *Epaminondas ;* — et *Bayard.* 2 pl. gravées au burin par P. *Bernard,* d'après B. *West.* — 2 cuivres. Haut. 58 cent., larg. 42 cent.

177 — Le *mariage d'Henry VIII avec Anne de Boulen ;* — et *mort de lady Jeanne Gray.* Planches gravées en manière noire par *V. Green,* d'après J. G. *Huck.* 2 cuivres. Larg. 62 cent., haut. 48 cent.

178 — *Acis et Galatée ;* — l'*Enlèvement d'Europe ;* — l'*Enlèvement des Sabines ;* — et *Jugement de Pâris.* Suite de planches gravées au burin par J. *Beauvarlet,* d'après *Luc Giordano.* 4 cuivres. Larg.   cent., haut.   cent.

179 — *Trait de courage d'un vieillard grec.* Plan-

che en largeur, sans nom d'auteurs, gravée en manière noire par Moreau, d'après Dubouloz. — 1 cuivre. Larg. 61 cent., haut. 53 cent.

B.I.

PAYSAGES. MARINES ET VUES DIVERSES.

180 — Les *ruines de Peloponèse;* — et les *ruines de l'Attique.* 2 pl., d'après J. P. *Panini,* gravées au burin, la première par P.-F. *Tardieu,* et la seconde par J.-B. de *Lorraine.* — 2 cuivres. Larg. 54 cent., haut. 40 cent.

181 — Les *Pêcheurs industrieux;* — et les *Bergères laborieuses.* 2 pl. gravées au burin par *Lecharpentier,* d'après *Patel.*— 2 cuivres. Larg. 50 cent., haut. 45 cent.

182 — *Soleil levant sur mer,* d'après Claude *Lorrain;* — et *soleil couchant sur mer,* d'après *Vialy.* 2 pl. gravées au burin par J.-F. Feradiny. — 2 cuivres. Larg. 45 cent., haut. 39 cent.

183 — Première et deuxième *vue des environs de Coblentz.* 2 pl. d'après Schütz, gravées à l'eau-forte par Dunker, et terminées au burin par William Byrne. — 2 cuivres. Larg. 40 cent., haut. 34 cent.

184 — 1re, 2e, 3e et 4e *ruines romaines.* Suite de 4 pl. gravées au burin, d'après *Dietricy.* Les deux premières par N. *Delaunay,* et les deux

dernières par R. *Daudet*. — 4 cuivres, dont 2 de 54 cent. sur 36 ; et les 2 autres de 40 cent. sur 34.

185 — Le Tibre ; — les Orientaux aux bords du Tibre ; — 1re et 2e vue de Pouzzol ; — le mont Vésuve ; — tour du Grec au golfe de Naples ; — et vue de Naples du côté du château neuf. — 7 pl. d'après G. *de Lacroix*, élève de J. Vernet, gravées au burin par J. *Aliamet*, N. *Lemire*, et *Leveau*. — 7 cuivres. Larg. 46 et 54 cent., haut. 37 cent.

185 *bis* — Golfe près de Naples ; — port près de Naples ; — vue des environs de Naples ; — Naufrage près de Naples ; — et les bergers romains. — 5 pl., d'après Mettay, gravées au burin par A. *Zingg, de Longueil*, et *Leveau*. — 5 cuivres. Larg. 46 cent., haut. 37 cent.

186 — 6 marines gravées au burin, d'après J.-Ph. Hackert, savoir :

1re et 2e vue du Tréport en Normandie, par P.-C.-N. *Dufour*.

1re et 2e vue de la ville du Pont de l'Arche, près de Rouen, par le même.

1re et 2e vue des environs de Caudebec en Normandie, par Y. *Legouaz*, sous la direction d'Aliamet. — 6 cuivres.

187 — *Vue de Boom* sur le Rupel, par J. *Aliamet*, d'après A. *Vander Neer* ; — *vue de Roterdam*, par J. *Bacheley*, d'après *Van Goyen* ; — et *vue du Tybre*, par le même, d'après B. *Breenberg*. — 3 cuivres. Larg. 54 cent., haut. 41 cent.

188 — *Port de Flessingue;* — et *arrivée de Flessingue.* 2 pl. gravées au burin par J. *Leveau* d'après B. *Peters.* — 2 cuivres.

189 — *La grande rade Hollandaise;* — et *vue du bassin de la ville de Bruges.* 2 pl. gravées au burin par N. *Lemire,* d'après *Minderhout.* — 2 cuivres. Larg. 49 cent., haut. 46 cent.

198 — *Vue des environs de Lagny;* — et *vue des environs de* Mortagne. 2 pl. gravées au burin par *Leveau,* d'après *Leprince.* — 2 cuivres. Larg. 59 cent., haut. 48 cent.

191 — *Vue du pont de Sphinx;* — et *vue des principaux monuments de Rome.* 2 pl. gravées à l'eau-forte et au burin. La 1ʳᵉ par P. A. Martini, et la 2ᵉ par J.-B. Lienard, d'après H. Robert. — 2 cuivres. Larg. 66 cent., haut. 51 cent.

192 — *Monuments de Paris;* — et *Monuments romains.* 2 pl. gravées en manière noire par Régines *Carey,* d'après *Robert.* — 2 cuivres. Larg. 66 cent., haut. 48 cent.

193 — *Halte foraine;* — et *Retour de foire.* 2 pl. gravées au burin par *Lempereur,* d'après *Loutherbourg.* — 2 cuivres. Larg. 61 cent., haut. 46 cent.

194 — 1ʳᵉ et 2ᵉ *vue de l'Isle Barbe, au milieu de la Saône, au dessus de Lyon, représentant le matin et l'après-midi d'une fête.* 2 pl. gravées à l'eau-forte par *Martini* et terminées par J.-B. *Le Bas,* d'après D. *Olivié.* — 2 cuivres. Larg. 76 cent., haut. 56 cent.

195. — Les *cascatelles de Tivoli*. Pl. gravée au burin par F. *Godefroy*, d'après *Baltard*. — 1 cuivre. Larg. 79 cent., haut. 56 cent.

196 — Vue des environs de Messine, d'après *Taunay*; — et vue des environs de Lisbonne, d'après *Noël*. 2 pl. gravées au burin par *Mathieu*. Larg. 37 cent., haut. 29 cent.

1re et 2e vue du Colisée à Rome. 2 pl. par P. *Laurent*, d'après *Challe*. Larg. 50 cent., haut. 37 cent.

L'Amour jouant à colin-maillard; — et l'Amour jouant aux quatre coins. 2 sujets composés, dessinés et gravés par J. *Maillet*. Larg. 41 cent., haut. 35 cent. — 6 cuivres.

197 — Départ d'une caisse conique, en présence de S. M. Louis XVI, à Cherbourg, le 23 juin 1786; — et Immersion dans la rade. 2 pl. gravées par *Helman*, d'après *Chatry de la Fosse*. Larg. 46 cent., haut. 34 cent.

Vue de l'explosion du magasin à poudre d'Abbeville, le 2 novembre 1773, par *Macret*, d'après A. *Choquet*; — et Eruption du mont Vésuve, le 8 août 1779, par *Werroter*, d'après Ignace Vernet, élève et frère de *Joseph*. — 4 cuivres.

198 — Vue d'un arc de triomphe, près de Monte-Circello, d'après Claude *Lorrain*; — et vue du fond du golfe de Baye, d'après J. *Selhein*. 2 pl. en hauteur (sans nom de graveur). *Beauvarlet excudit.*

Les Bergères, par A. Zingg, d'après Dietricy;

— vue intérieure d'une partie de bains publics, par F.-N. Sellier, d'après F. Perlin. 2 autres planches en hauteur. — 4 cuivres.

199 — Vue d'un port de la Méditerranée. Planche gravée par *Maleuvre*, d'après *Backuysen*.

Le Retour du Marché, par *Deny*, d'après Van Dalens.

Le Troupeau égyptien en route, par *Laurent*, d'après Van der Does.

Le Passage du gué (planche sans titre, avec dédicace à M. le marquis de Serent), par *le même*, d'après *Loutherbourg*. — 4 cuivres.

200 — La Chute dangereuse d'après Frédéric Meyer; et le Four à chaux d'après *Loutherbourg*. 2 planches gravées par N. *Delaunay*. — 1re et 2e Vues d'Autriche par A. *Zing*, d'après *Brandt* le fils; Jonas englouti, d'après *Guaspre Poussin*. — 5 cuivres.

201 — Siége de la ville de Rhodes en 1480, par Mahomet II contre le grand maître Villiers de l'Ile Adam. Planche gravée au burin en 1795 par *l'Epine*, d'après *Cornille*. — 1 cuivre. Larg. 63 cent., haut. 48 cent.

202 — *le Matin*; — *le Midi*; — *le Soir*; — et *la Nuit*. Suite de 4 planches gravées au burin par L.-J. *Cathelin*, d'après J. *Vernet*. — 4 cuivres. Largeur 60 cent., haut. 46 cent.

203 — 1re et 2e *Vue du Levant*; — 1re et 2e Vue de *Marseille*. 4 planches gravées au burin par J. *Aliamet*, d'après Joseph Vernet. — 4 cuivres. Larg. 46 cent., haut. 36 cent.

204 — *Le Matin ; — le Midi ; — le Soir ; — et la Nuit.* Suite de 4 planches gravées au burin par J. *Aliamet*, d'après Joseph Vernet. — 4 cuivres. Larg. 46 cent., haut. 36 cent.

205 — *Le Calme ; — la Tempête ; — les Baigneuses ; — et Orage impétueux.* Suite de 4 marines. Planches gravées au burin par *Basan*, d'après Joseph *Vernet*. — 4 cuivres. Larg. 42 cent., haut. 36 cent.

206 — Les *Amans à la pêche ; —* les *Femmes à la pêche ; —* Vue *proche de Mont-Ferrat ; —* et la *Cuisine ambulante des Matelots.* 4 planches gravées au burin par *Le Veau*, d'après Joseph *Vernet.* — 4 cuivres. Larg. 51 cent., haut. 40 cent.

207 — Pêche heureuse ; — Ecueil dangereux ; — première vue du port de Livourne ; et deuxième vue du port de Livourne. 4 planches d'après Joseph *Vernet*, gravées au burin, savoir : les deux premières par A. Zingg, et les deux dernières par M. J. Ozanne le Gouaz et Joanna Francesca Ozanne. — 4 cuivres. Larg. 42 cent., haut. 38 et 32 cent.

208 — *Rivage près de Tivoli, — le fanal exhaussé, — le naufrage, — le retour de la pêche, — les voyageurs effrayés, — colonne Trajane , à Rome, — la tempête au clair de lune, — grande tempête, — le coup de vent, —* et *îles de l'Archipel.* 10 pl. d'après Joseph Vernet, gravées au burin par J. *Aliamet,* W. *Byrne,* J. J. *Avril,* J. J. *Flippart,*

et autres. — 10 cuivres. Larg. 54 cent., haut.
44 cent.

209 — La belle après-dinée, — l'Aurore d'un beau
matin, — Naufrage sur les côtes d'Italie, —
Vue d'une rade d'Italie, — la Gondole italienne,
— le Vaisseau foudroyé, — la Mer calme, — le
Rocher dangereux, — le Pêcheur au trimblet
— et le Pêcheur à la ligne (ces deux dernières
pièces sans titres, mais avec dédicace à M. de
Villette, et ses armoiries). 10 pl. d'après Joseph
Vernet, gravées au burin par A. Ph. *Coulet*,
Leveau, *Langlois*, P. J. *Duret*, *Binet*, P. *Bé-
nazeck*, de Langueil et Nicolet, et L. J. Cathelin.
— 10 cuivres. Larg. 53 et 55 cent., haut. 40
cent.

210 — Vue des environs de Reggio, en Calabre, —
l'Entrée du port de Palerme, en Sicile, — Vue
des environs de Citta-Nuova, — Vue d'Italie, —
autre vue d'Italie, — le Pêcheur encouragé, —
les Pêcheurs fortunés, — les Italiennes laborieuses, — les jeunes blanchisseuses, — les Pêcheurs à la ligne, — les Dangers de la mer, —
Embarquement de la jeune Grecque, — et le
Choix du poisson. 13 pl. d'après Joseph *Vernet*,
gravées au burin par N. *Dufour*, *Lebas*, *Hélman*,
S. *Hill*, J. *Aliamet*, R. *Daudet*, *Bertaud* et *Le
Gouaz*. — 13 cuivres. Larg. 46 cent., haut. 37
cent.

211 — Le Vaisseau napolitain à la rade, — et le
Pélerinage. 2 pl. d'après Joseph *Vernet*, gravées

au burin par N. *Dufour* et J. *Daullé*. — 2 cuivres. Larg. 75 cent., haut. 54 cent.

212 — *La pêche au fanal* — et *vieux fort d'Italie.* 2 pl. gravées au burin par P. J. *Duret*, d'après Joseph *Vernet.* — 2 cuivres. Larg. 68 cent., haut. 51 cent.

213 — *La pêche de jour,* — et *la pêche de nuit.* 2 pl. gravées au burin, par *Y. Le Gouaz,* d'après Joseph *Vernet.* — 2 cuivres. Haut. 36 cent., larg. 46 cent.

214 — *La grande tempête,* — et *tempête au clair de lune.* 2 pl. gravées au burin, par G.-S. de *Flumet,* d'après Joseph *Vernet.* — 2 cuivres. Haut. 30 cent., larg. 42 cent.

215 — *Jonas sortant de la baleine,* — et *Agar dans le désert.* 2 pl. gravées au burin, par J.-B. *Tilliard,* d'après Joseph *Vernet.* — 2 cuivres. Haut. 34 cent., larg. 40 cent.

216 — Vues de Paris, gravées par *Gaitte.* 25 pl., n° 1 à 25, contenant chacune 5 à 6 vues. — 25 cuivres.

217 — Monuments de Paris, de Londres et de leurs environs. — 7 cahiers par 4 pl. chacun. 28 cuivres.

218 — Plusieurs lots de planches gravées, omises au présent catalogue.

ESTAMPES EN FEUILLES.

219 — Quantité d'estampes et de lithographies en tous genres, provenant de divers fonds d'éditeur. — Plusieurs lots, qui seront vendus au commencement et à la fin de chaque vacation.

ORDRE DES VACATIONS.

PREMIÈRE VACATION.

Lundi 2 février 1846, à 6 heures.

N. (103 à 110). — N. (1 à 10). — (N. 34 à 38). — N. (44 à 48). — N. 60, 62, 63, 61, 64, 65, 128, 129, 126, 127. — N. (132 à 136). — N. (77 à 81). — N. (163 à 168). — N. (202 à 208).

DEUXIÈME VACATION.

Mardi 3 février 1846, à 6 heures.

N. (137 à 143). — N. (11 à 16). — N. 17. (Les 8 lots). — N. (49 à 52). — N. (54 à 59). — N. (87 à 90). — N. (96 à 102). — N. (130 à 131 ter). — N. (169 à 174). — N. (180 à 183). — N. (209 à 211).

TROISIÈME VACATION.

Mercredi 4 février 1846, à 6 heures.

N. (150 à 155). — N. (111 à 118). — N. (18 à 26). — N. 42, 43, 39, 40, 41, 82, 83. — N. (53 à 53 ter). — N. (66 à 71). — N. (91 à 95). — N. 157, 158, 178, 179. — N. (196 à 201). — N. (212 à 215).

QUATRIÈME VACATION.

Jeudi 5 février 1846, à 6 heures.

N. 216, 217, 119, 120. — N. (123 à 123). — N. (27 à 33 ter). — N. (72 à 76). — N. (84 à 86). — N. (121, 122). — N. (144 à 149). — N. (169 à 162). — N. (175 à 177). — N. (184 à 195).

Paris, imp. et lith. de MAULDE et RENOU, rue Bailleul, 9-11.

ORDRE DES VACATIONS.

PREMIÈRE VACATION.

Lundi 2 janvier 1826, à 11 heures.

N. (103 à 116). — N. (4 à 10). — N. (30 à 38). — N. (44 à 68). — N. (60, 62, 63, 64, 65, 67, ... 128, 129, 130, 137). — N. (122 à 150). — N. (77 à 84). — N. (162 à 168). — N. (202 à 208).

DEUXIÈME VACATION.

Mardi 3 janvier 1826, à 6 heures.

N. (157 à 163). — N. (11 à 16). — N. (... à 52). — N. (34 à 50). — N. (... à ...). — N. (130 à 131, ...). — N. (169 à 175). — N. (... à 197). — N. (240 à ...).

TROISIÈME VACATION.

Mercredi 4 janvier 1826, 11 heures.

N. (109 à 159). — N. (111 à 116). — N. (1 à 20). — N. (29, 30, 40, 41, 42, 52). — N. (92 à 55 bis). — N. (... à 71). — N. (91 à 95). — N. (157, 158, 174, 175). — N. (190 à 20). — N. (212 à 213).

QUATRIÈME VACATION.

Jeudi 5 janvier 1826, à 6 heures.

N. 216, 217, 110, 120. — N. (123 à 129). — N. (37 à 38 ter). — N. (72 à 70). — N. (84 à 90). — N. (131, 132). — N. (164 à 169). — N. (169 à 192). — N. (175 à 177). — N. (184 à 195).

Paris, imp. et lith. de Maulde et Renou, rue Bailleul, 9-11.